청어詩人選 493

삶이 우주가 되어
길을 떠날 때

강대영 시집

삶이 우주가 되어 길을 떠날 때

강대영 시집

시인의 말

말들은 오랫동안
내 안의 침묵 속에 머물렀습니다.
환한 빛보다는
이름 없이 스며든 그림자들이
먼저 말을 걸어왔습니다.

무대 뒤에서 분장을 하며
나는 늘 타인의 얼굴을 그렸고
지워질 삶들을 조명했습니다.
그 과정에서
나의 고요, 나의 허공도
시적 공간으로 승화되었습니다.
이 시들은
그 언저리에서 건져 올린
마음의 조각들입니다.

삶이 우주가 되어
다시 길을 떠나는 이들에게
이 시집이 별빛처럼 머물기를 바랍니다.

차례

1부 별빛이 머무는 순간들

12 인생놀이
13 울림통
14 봄꽃이 지기 전에
15 봄비 세상을 적시면
16 본질을 비추는 무대
17 새싹처럼
18 사랑의 시
19 흔적
20 알 수 없는 침묵
21 비와 나그네
22 별빛이 머무는 순간들
24 삶이 우주가 되어
26 미울 수 없는 너
28 봄—저녁길을 걸으며
29 풀꽃이 피는 저녁에
30 별이 되어줍시다

2부 회색빛 세상

34 가을 열매
35 먼 길
36 어디가 끝인가
37 내 가슴 한쪽에
38 새벽을 걷는 사람
39 내 인생의 메아리
40 술잔에 떠오른 얼굴
41 달과 별을 보며
42 가을비 내리는 밤
43 사람이 그리운 날
44 가을 그림자
46 회색빛 세상
48 인연의 길
50 별과 별, 그리고 밤하늘
51 떠돌이 삶이었네
52 고향 섬
54 철들 때

3부 오래된 희망

- 56 봄 새벽을 열며
- 57 침묵의 무늬
- 58 기억의 시간
- 60 산다는 흔적
- 62 내 안의 너
- 63 길 위의 어떤 생각
- 64 빛 잃은 세상
- 66 오래된 희망
- 68 사라져 가는 직업
- 70 삶은 빈터
- 71 모래알 가을
- 72 가을 수첩
- 73 하루의 끝에서
- 74 돌아오지 않은 시간
- 76 그리운 세월
- 78 바람이었습니다

4부 나의 길

- 80 어둠은 사라지려나
- 82 저무는 황혼길에서
- 83 혼자 있는 시간
- 84 황혼의 봄
- 86 아물지 못하는 하루

87 겨울이 다 가기 전에
88 어느 낯선 도시에서의 하루
90 웃음꽃 터지는 날
92 한 살의 무게
94 지나간 것들은 아름답다
96 몸보다 마음이 더 아플 때
97 가을이 나에게 남겨준 선물
98 살아온 길―가야 할 길
100 파묻힌 생각
102 나의 길
104 촛불

5부   허공을 품은 날개

106 들풀
107 선술집 추억
108 살아옴이 별빛 축제
109 길 잃은 가을 낙엽
110 허공에 묻다
111 그리움 다 남겨 두고
112 세상은 다 그런 거야
113 바람에 띄운 편지
114 상상과 현실의 경계에서
115 허공을 품은 날개
116 내 안의 길에게
117 어둠 끝의 숨
118 [가사] 인생 열두 마당

1부

별빛이 머무는 순간들

내 안에 숨죽인 추억이
다시 돌아오길

삶은 별빛이 머무는 순간들일까
아픔과 그리움과 사랑을 만나
눈빛을 주고받는 순간들일까

인생놀이

내 그림자
나무뿌리만큼 깊어지도록
삶을 되새겨보는 시간

밤새 하늘정원에
오락가락하는 빗소리
뒤척이며 봄인가 싶어
새벽빛에 내 귀를 씻는다
텅 빈 속을 보이기 두려워
내 안에
어리석도록 투박한 거짓들

그래, 독해져야 했다
내 마음은 이미 나와 동떨어져
봄의 길을 걸어가지만
서운하지 않았다

울림통

꿈과 세월이
한 몸 되어 흐를 때
나는 그 몸으로
영원할 줄만 알았다

그러나 시간은 흘러
허전한 마음이 겉돌며
혼자임을 자각했다
얼굴에 각인되는 시간의 골
그 깊은 골의 외로움을
허무라고 불렀다

텅 빈 나의 그 세월을
악기의 울림통처럼
사랑하고 싶다

봄꽃이 지기 전에

봄이 오면
우리 가슴은
미움이나 슬픔을
오래 담아두기에는
너무 작고 여립니다

봄꽃이 지기 전에
가슴의 문을 열어
어두운 마음 모두
흘려보내야 합니다

우리 가슴에 담아야 할 것은
미움 슬픔 고독이 아니라
함께 하는 사랑입니다

봄비 세상을 적시면

봄비가 온다는 이유로
새파랗게 움트는 봄손님들

반겨주는 이 없어도
깊은 겨울잠에서 깨어나
봄세상을 알려주는 천사들
주체할 수 없는 사랑으로
온 세상을 푸르게

봄비 오는 날이면
깊게 뿌리내리는
이유를 배워야 할까요?
봄비 세상을 적시면
나, 이 세상 살아가는 이유를
스스로 되묻습니다

본질을 비추는 무대

분명
분장은
나의 사랑
나의 고독
나의 아픔
나의 기쁨

삶의 모든 순간을 감각하는
이 다채로운 감정을 네가 안다면
삶은 너에게 풍성한 연극일 텐데
삶의 본질을 비추는 무대일 텐데

이젠 너무 멀리 왔기에
가버린 세월 되돌릴 수 없지만
너와 나의 삶을 위하여
계속 걸어가야겠다
마음 돌리지 않고
지나온 길을 향해

먼저 걸어줘서 고맙다고 손짓하는
또 다른 사람이 올 때까지

새싹처럼

구겨진 마음을 펴봅니다
봄날이 오니까요
소중했던 인생을 기억하는 모든 순간이
귀한 선물이었다고 말해주고 싶었습니다

무력한 시간들 지나
아프고 외롭고 고통받는 생명들에
연민을 느끼고 관심을 두기 시작하고 나서야
비로소 작고 나약하고 위태로운
나 자신을 사랑할 수 있었네요

사랑의 시

사랑을 내 어이할 수 있나요
차라리 이별 시 한 수 쓰겠지만
먼 훗날 아픔될까 가슴 졸입니다

인연을 사랑으로 가슴에 묻고
이 지리한 기다림
그리움의 시 한 수

사랑이 시를 낳고
보고픔이 시를 낳는다면
그 인연으로 나는
사랑의 시를 낳아보렵니다

공허한 어둠 속으로
별이 내리고
꿈이 내리고
추억이 꿈틀대는 날
내 가슴에 당신이 깃든
사랑의 시를 품어보렵니다

흔적

길의 발자국
거울의 잔상
창문의 입김
새벽녘 술잔
그것들 모두
나의 혼이다

그 모든 흔적은
고독과 외로움
스치는 인연들
다 떠나보내고
흔적만 쫓는다

알 수 없는 침묵

밤새, 말 없는
침묵이 가슴을 적신다

언제나 내 자리에서 떠나지 않는
슬픈 침묵이여
오늘은 먼저 와서 앉아 있구나
비가 스며들고
운명이 젖는구나

창문에 흐르는 빗줄기
가슴에 흐르는 고독한 박동
한 잔 술에 띄워 보낸다

내 역사에 기록되어
떠나지 못한 영혼들
마음의 햇살이 되어
지울 수 없는 그리움 되어
길을 낸다

나는 그 길을 다시 걷는다
알 수 없는 말줄임표처럼…

비와 나그네

깊은 밤 꿈속에
날 깨우는 이 있어
비몽사몽 깨어보니
창문을 두드리는 비

꿈결에 잠긴 먼 추억 속에
속삭이는 소리… 애달픈 사랑들
물장구치는 소리… 철없는 그리움들
빗방울 사이로 흐르는 생의 파노라마

온 세상은 빗소리에 젖어있고
내 마음의 흔적은 오간 데 없고
빗방울 머금은 허공을 떠도네
비와 나그네, 하루의 삶을 태우네

별빛이 머무는 순간들

내 안의 진실은
어디를 향하고 있을까

삶의 따뜻한 순간도
슬픈 순간도
내 안에 가두고
아프다고 말한다

삶은 여정일까
아픔 속에 숨어있는 기쁨을
찾아가는 길일까

달이 구름을 빠져나가듯
내가 꿈꾸지 못한 삶의 순간들
슬픔이 저만치 앞서 있다

내 안에 숨죽인 추억이
다시 돌아오길

삶은 별빛이 머무는 순간들일까
아픔과 그리움과 사랑을 만나
눈빛을 주고받는 순간들일까

삶이 우주가 되어

황혼이 물드는
소리… 내 가슴에
젖는다

구름처럼 부풀었다
흩어지는 마음
깨어나지 않는 알처럼
자신의 꿈을 바라보다
둥지를 떠난다

삶은
화려하지 않아도 좋다
얼룩진 인생이
그림자를 찾아나서면 된다

미워할 수도 없이
사랑할 수도 없이
열린 하늘길에서는
그 무엇을 위하여
울지 않았으면 좋겠다

꿈에 엎지른 삶은
나를 더 진하게 적시며
잠들지 않은 채 번져간다
나의 우주가 되어

미울 수 없는 너

살아온 날이 미워서
못난 시간들이 아쉽고
사랑하는 시간이 아까워
분장을 더 사랑한
너는 누구일까?

창밖엔
눈이 내리고
흰 눈 사이로 지나온
검은 흔적이 쌓이네
세월이 약이라고
눈을 뚫고 새싹이 돋아나듯이
미울 수 없는 너
못 잊어서 살아온 나날의 추억
눈송이만 가로등과 속삭일 뿐
어둠만 가득 찬다
별 없는 하늘은
어두움만 가득하고
소복소복 고운 눈만
소리 없이 쌓인다
가난과 고독 그리고

그리움이 시를 낳는다지만
시보다는
미울 수 없는 너를
사랑하면 안 될까?

봄—저녁길을 걸으며

해 질 무렵, 오늘도 나는
서울의 밤거리를 헤메입니다

내가 가장 좋아하는 일
방송 교육 공연 등의 분장이란 직업
바늘 끝만큼도 후회없습니다
내가 해야 할 일은 너무나 많았지만
오직 분장밖에 없었습니다
아픈 우리 사랑도 찬 겨울을
이겨내고 봄꽃을 피워내듯이
내 온 힘을 다 바쳐
분장이라는 꽃을 피워냈습니다
그 봄꽃을 피워내기까지
함께한 수많은 얼굴들
그분들의 덕입니다
이제와 생각해보니 피고 지고 50년
저 봄꽃도 언젠가는 지겠지요

떨어진 꽃잎도 다시 보게 된 나
떨어진 꽃잎 앞에서
나는 내가 너무 부끄러웠습니다

풀꽃이 피는 저녁에

새벽녘 흩어진 꿈
가슴에 내려앉은 추억

가을은 낙엽처럼 서성이고
나는 묻는다
이만하면 잘 살고 있는 걸까

많은 시간을 오르내렸지만
남겨둔 마음 하나
다독이지 못했다

이제는 기다리는 사람이 되어
누군가의 가슴 위에
작은 풀꽃 하나 피워보련다

별이 되어줍시다

가벼울 대로 가벼워진
존재와 소유
그 경계에서
달과 별은 무심히 떠 있네

인간사 상처와 아픔으로
내 안의 진실이 허무해질 때
다치고 허물어진 사람들과
나는 인생의 무게를 함께하렵니다

세상을 더 이해하면
모든 만남은 우연이겠지요
저물어가는 인생
과거, 현재, 미래가
세상 모든 우연으로
존재한다는 사실
하나만으로도 경이로운 삶입니다

마음속에 허상(虛像)이 있는 한
두려움은 존재하고 더 채울 것도 없으니
허공에 발자국 남기지 않는 새처럼
비어있는 세상 속에 형형이 빛나는
별이 되어줍시다 서로에게
굳건한 방향이 되어줍시다

2부

회색빛 세상

나는 존재의 이유를 알았다
현실과 진실은 타협해서는 안 된다는 것
회색빛은 본래부터 회색이 아니라는 것
회색은 반사된 빛의 스펙트럼 중 하나라는 것
우리는 우리가 보고 싶은 빛으로
우리에게 비춰지는 빛으로 본다는 것
어떤 빛을 선택해야 할지는 전적으로
자기와의 지독한 싸움에 달렸다는 것을…

가을 열매

가을 오는 소리
옛 추억 한 아름 안고 있네
이제 여름은 잊으라 하네
잊더라도 사라지지 않는다 하네

나무와 꽃들도
가을 추억 찾아
내 어두운 고독보다
밝은 미소의 가을꽃으로
마술을 부리네
내 추억 하나하나
열매를 맺어 보겠다고

먼 길

숨 가쁘게 살아보니
보이지 않아도 보이고
듣지 않아도 들린다
대지의 숨소리
가슴 시려 떠나간다
세상에 던져진
몸뚱이 하나

삶의 순간을 허물어
쌓고 허물고 반복하며
세상사 무심하구나…

세월에 등 떠밀려
질펀히 드러누운
그대 민낯으로
길을 따라나서면
아득히 멀어져만 가는 길…

어디가 끝인가

삶의 길 위에서
무소처럼 달려온 인생

변하지 않고 그대로인 것은 아무것도 없더라
모질게 살아온 지난날의 회상
날이 갈수록 목줄을 타고
울컥울컥 가슴을 적신다

언제부턴가 내 안에 자리 잡은 고독과 허무
그것이 나약해져 가는 나였던가
이제 홀가분하게 모두 내려놓고
얽매임 없는 삶을
비움으로 채워가는 삶을
살다 가고 싶다
내 맑고 그윽한 꿈
멀리멀리 번져가리라

내 가슴 한쪽에

기쁨이라는 것은 언제나 잠시뿐
돌아서고 나면 험난함의 인생길
삶이 막막함으로 다가와 울적할 때
세상의 중심에서 밀려난 느낌이 들 때
화려했던 자신의 존재가 한낱 낙엽처럼
떨어져 사라져 가듯이…
그러나 그런 때를 나는 소망한다
그것들이 내 삶의 거름이 되어
화사한 봄 꽃밭을 이루어 주었듯이
나중에 나중에 알찬 열매만 맺을 수 있다면
지금 당장 꽃이 피지 않더라도
슬퍼할 이유가 없지 않는가
우리의 운명
머언 기약도 할 수 없다면
그 운명은 믿기 어려운 까닭이다
가도 가도 인생길 답이 없는 길을

새벽을 걷는 사람

살면서 수없이 던져진
아픔과 그리움
불현듯 놓아버린
밝음과 어둠을
만난다
어리고 여린 영혼을
달래보지만
일과 사랑
외로움과 그리움
그 끝을 모른 채
자꾸 부서지기만 한다

새벽길 달과 별은 흐르고 흘러
갈 길을 잃어버린 어린 추억만
홀로 발걸음 소리로 번져간다

내 인생의 메아리

오늘과 내일
이어지는 순간마다
일그러진 삶을 기다리며
다시 깊이 이어지는
내 인생의 메아리

오늘도 삶은 흐르고
비는 개고 꽃은 다시 피는데
짧고 긴 시간의 기쁨과 슬픔
늙기도 같이 흐느끼는 철없는 인생
두고두고 쌓아온
옛정 이야기뿐이네
인생은 그리운 시간 속에서 자란다지만
그것은 헛된 꿈
보잘것없는 내 육신 속에
조각구름 같은 떠돌이 삶뿐

그리움과 기다림의 시간
좀 더 긴긴 기다림이 필요합니다
내 인생의 메아리는…

술잔에 떠오른 얼굴

그리움에 얼룩진 빈 술잔 속에
그대 얼굴이 담겨 있네요

목마른 방랑자
싸늘한 나그네
텅 빈 가슴 채워가
멀어져간 그대를 그리워하네

슬픈 별은 빈 술잔에
떨어지고 그 속에
담긴 그대 얼굴은
눈물로 흘러들어와
내 가슴에 고이네

빈 술잔에
떠오르는 얼굴들
지난 추억이 가득 담겨
그대 눈물로 타는 목을 적시네

달과 별을 보며

내 마음이 맑아지면
언젠가는 하늘에
걸려있겠지요

내 마음이 맑아지면
언젠가는 온 세상 가슴에
담겨지겠지요

가을비 내리는 밤

가을비 번지는 밤길
졸고 서 있는 가로등
그 아래
내 작은 빈 가슴에
잊었던 추억 스며나네

모두가 떠나도
가을비 오는 밤거리를 혼자 걸어도
슬프지 않아요
단풍 든 낙엽을 붙잡을 수 없듯이
밤비 내리는 거리에
그대를 보낸다
허전한 내 그림자를 거리에 세워둔 채
혼돈의 흔적들 애써 지우려 해도
어김없이 새벽은 찾아오네
새벽 별이 나의
슬픔도 거두어 가네

사람이 그리운 날

지나온 삶의 한 귀퉁이
발자국 수만큼 세월은
흐르고 철없는 마음은
속절없이 깊어만 간다

무심한 세월은
바람에 실려 오는
알 수 없는 그리움

사람이 그리운 날
그 눈물로 세상을
적시고 나면
기쁨을 준 사람
슬픔을 준 사람
살아온 날만큼 그리워진다

쓰디쓴 시 한 편으로
내 가슴 물들이던 깊은 가을밤

가을 그림자

흘러가는 것들은 모두
잊기 위해 떠나간다
나무처럼
버려야 할 것 버리는
가을 그림차처럼
내 아픔 슬픔 보고픔…
모두 비워내련다
오곡들이 읽어가는 날
내 어리석음이
그윽하게 밝아지면
따사롭던 햇살처럼
살아가련다

다 거둬들인 가을
논밭의 허수아비처럼
양팔을 벌려
다친 시간을 어루만지면서
황금빛에 물들이고

내 아래 바로 선 가을 그림자
허수아비처럼 홀로
먼 생각에 잠긴다

회색빛 세상

아무도 나를 기다려 주지 않는다
하지만 나는 끊임없이 길을 간다
낯선 회색빛 세상에서
무슨 방법으로든 살아남아야 한다

회색빛 세상을 사는 사람들이
무지개와 꽃과 노을을 알까
숫자 외에 다른 의미를 알까
안다고는 하나 느낄 수 있을까

어떤 표정을 짓든
양면성을 내보이지 않고
사회의 모순과 허구성에 대들면서
나는 존재의 이유를 알았다
현실과 진실은 타협해서는 안 된다는 것
회색빛은 본래부터 회색이 아니라는 것
회색은 반사된 빛의 스펙트럼 중 하나라는 것
우리는 우리가 보고 싶은 빛으로
우리에게 비춰지는 빛으로 본다는 것
어떤 빛을 선택해야 할지는 전적으로
자기와의 지독한 싸움에 달렸다는 것을…

그러나 진실을 물으며 발을 내딛는 순간 순간
찬바람이 가혹하게 매질할 것이다

인연의 길

살아간다는 것은
기다림으로 채워가는
긴 여정입니다

살아간다는 것은
고독과 사랑
기쁨과 슬픔을
안고 흘러가는 강물

살아간다는 것은
인연도 이별도
쓸쓸한 세상

소중한 것은
떠난 뒤에 남는 것
외롭고 깊은
허름한 삶 한 자락

살아간다는 것은
비릿한 추억 속
슬픈 영혼의 그림자

먼 길 떠난 인연
어둠에 묻힌 서러움 되어
되돌아온다

별과 별, 그리고 밤하늘

별자리를 보려면
별과 별, 그리고
밤하늘이 필요한 것처럼
나와 타인 그리고
저마다의 삶이 필요합니다

진정한 인연과
스쳐 가는 인연이
나의 삶 전부입니다
화려한 날은 가고
그 흔적을 되새김질하며
살아왔습니다 인연 속에
무엇이 보이고 들리고 말하고 느껴지는지
왜 이제야 알았을까요
엄마의 굵은 손과 그 주름 속에
부지런한 삶이 담겨 있듯이
내 손에도 당신의 손에도
어느덧 주름이 깊어집니다

오늘도 깊어진 밤하늘
별들은 서로를 비추고 있습니다

떠돌이 삶이었네

물 설고 낯선 땅
시기와 희망 실수
걸음마다 밟히는
부조리와의 동침
만남과 헤어짐
세월의 한 고개를
넘고 넘어가네

척박한 세월에 뿌리내리고
쉼 없이 가지 뻗은 삶!
이제는 파도치는 세월의 바다 앞에
외로이 깜박이는 등대라네
들풀 같은 업보의 인생길
지금 어디쯤 가고 있는지 묻지 말아요

어느새 찾아온
희끗한 백발의 촌노
지워지지 않는 흔적 안고 세월 속으로
부끄러이 사라져 간다네

고향 섬

기다리는 사람도 없는데
섬 하나 서 있다
산봉우리 밑에
파아란 바람이 일면
들풀들과 새들과
옹기종기 모인 집들이
바다와 어울려
석양에 물든 쓸쓸한
저녁이 바다에 눕는다

밤 깊은 섬 하나
스쳐온 달빛이
가슴속에 고이면
모래밭 방개들과
함께 놀던 전설 같은
이야기가 들려온다

가물가물 사라져 가는
희미한 추억
새벽이 올 때마다
짙은 안갯속 섬 하나
어둠에 떠밀려온
주인 없는 조각배 하나
망각의 바다를 떠돈다

허물없는 죄에
하고 싶은 말을 삼킨 채
기다리는 사람도 없는데
섬을 오가는
철없는 조각배 하나

철들 때

낙엽이 질 때
그 외로움을 알아줄
한 사람 있는가

해는 저물어
홀로 지친 달밤에
떠나고 싶은 인간사
철없이 술잔만 비워간다
생각하면
하루가 남긴 허전함
이제는 철들 때도 되었건만

떠나는 것은 돌아올 데가 있고
돌아온 것은 떠날 데가 있기 때문일까

3부

오래된 희망

오래된 공책에 쌓인
먼지를 털어내다가 문득
그 철없던 꿈들을 펼쳤다
아무런 희망도 없는 것처럼
날개를 접었던 나비가
아직 살아 있었고
앞바다 모래밭에는
내 작은 꿈들이
파도처럼 들락거렸다

봄 새벽을 열며

주인장 없는 하늘정원에
봄 햇살 내려앉았네

밤새 꿈속으로부터 달려온 삶의 여정

새벽 내음을 코끝에 바르고
맨발의 하루가 시작된다

설익은 꿈 조각
드러나는 일상들
저마다 꽃피울 때까지

봄을 알리는 생의 공연을 펼쳐가리라

침묵의 무늬

저 무성한 어둠을 뚫고
또 어디서 내 피곤한
날갯짓을 쉬어갈까

거짓 웃음을 짓지만
그걸 바라보는 나는
서럽게 울고 싶었다

스쳐가던 인연들
쓸쓸하고 어둡던 내 마음
정처 없이 밤길을 걷지만
살다 보면 더러 잊고
살 만한 날도 있겠지

창문에는 내가 열고 닫았던
아련한 추억들, 인연들…
그 침묵의 무늬가 또렷하다

기억의 시간

또 한 해가 무심히
서녘 고개에 그림자를 드리운다
기억의 곡간(穀間)은
나도 모르게 비어가고
세월은 보이지 않는 바람을 타고
달음박질친다

듬성듬성 떨어져 나간
빛바랜 파편들을 모아
추억의 색지(色紙)로 붙여보건만
화면은 흠집으로 얼룩져
더러 아픈 상처로 남는다

굴곡진 고비마다
내 손 마주 잡은 사람들이 있어서
나는 행복했었다
나와 함께한 이들은 나의 스승이다
나는 그들에게 빛고운 정을 받아
보람의 꽃을 피울 수 있었다

내게 인복(人福)을 내린 하늘과
땅과 바다와 무한한 자연에
머리 숙이면서 내 마음속 진심을
고마운 분들께 전한다
아늑한 세월을 돌아보니
망막(網膜)의 상(像)도
차츰 흐려지고 휘어진다
이제 버릴 건 버리고 지울 건 지우는
그런 시간이 온 것이다

나의 분장 인생 50년!
곁에서나 멀리서나
사랑과 애정으로 함께해 준
모든 분께 무한 감사하다
나 또한 남겨질 역사를 위해
내 모든 것을 펼쳐 보일 수 있어 좋았다
새해 밝은 여명(黎明)이 활짝 열리길
눈 감고 두 손 모은다

산다는 흔적

청춘의 흔적은 기쁨
중년의 흔적은 슬픔
노년의 흔적은 외로움

마음의 젖은 시간들
아쉬운 이별의 순간들
인생은 지킬 수 없는
약속의 흔적일뿐

누구나 혼자이지 않은
사람 없듯이
저 홀로 반짝이는 사람
어디 있는가
세상의 아픈 사람들이여
얼마나 더 견디어낼 수 있을까

흘러온 시간들 모두 모아
아픔 또한 아득해질 무렵
보는 자와 보여지는 이가
하나가 될 때
그리움에 젖어 봅니다
흔적 없이 살아갈 수는 없을까

내 안의 너

허물어 버리고 싶은 마음이지만
미완성인 내 발자국인 것을
어떡하랴 쉼 없이 걸어온 길
내 안의 너는 아득히 멀고
나는 고독해서
세월을 섞었다

태어나 울지 않은 사람은 없어
세상은 다 그런 거야
내 마음을 보여줄 수 없어서 그렇지
마음은 상처가 아물 날이 없었어

그렇게 가슴속 미움과 번뇌가 텅 비면
나에게 다가오던 별이 있었다
별을 바라보는 것만으로도
내 세상이 위로받던 것을
그땐 왜 몰랐을까
오늘도 내가 나를
슬프게 했네

길 위의 어떤 생각

우리 삶의 현실은 역사적 현실이다
빛바랜 사진 속에 가족들의 표정처럼
살아온 지난 시대에는 오늘에 뒷받침이 되지만
과거 현재 미래 그리고 도전과 고독과 혼돈 속에
우리는 어떤 태도로 살아야 하는가
오늘의 현실은 AI 시대에 시험당하고 있다
좋든 싫든 대응하고 도전하고 융합해야 한다
삶이 굴곡질수록 뿌리는 단단하게 박힌다
그 삶의 서사에서 대체할 수 없는
진정한 의미를 알 수 있다
우리가 앓고 있는 이 시대의 의미
그것이 우리에게 던지는 메시지
공허하게 들리지 않을 것이다
우리의 삶의 현실은 역사적 현실이다
어느 미지의 세계에 왔는가
또 어디로 갈 것인가
길 위에 물끄러미 서서
나는 생각한다

빛 잃은 세상

어두움 내려앉는 빈 세상
잿빛 하늘이 더욱 낮아
달 사이로 깃들인
별빛만 아쉬워라

한 줄기 빛이 허기진 배를
움켜쥐고 어디로 가는 걸까

끊임없는 소멸과 소생의 연속에서
진정, 나는 누구인가?
살아가야 할 내일을 위해
채 밝지도 않은 미명부터
세월의 시간을 낚는다

풀지 못한 죄스러움으로
생명의 선을 그으며
한 많은 세월의 이파리를
기다리는 마음으로

긴 목을 떨구고
빛 잃은 세상에서
오는 님, 가는 님 맞아서
깊은 생각에 잠긴다

오래된 희망

오래된 공책에 쌓인
먼지를 털어내다가 문득
그 철없던 꿈들을 펼쳤다
아무런 희망도 없는 것처럼
날개를 접었던 나비가
아직 살아 있었고
앞바다 모래밭에는
내 작은 꿈들이
파도처럼 들락거렸다

죽음이란 걸 몰랐을 때
아버지의 죽음은 내게 큰 숨을
오래 오래 머금고 있게 했다
나의 꿈인 발명가와 작가가 되기 위해
방송국 문을 두드렸고 분장사가 되었다

분장이라는 외길은
나의 삶의 여정에 피어나는
아름다운 것을 지키기 위해
주어진 어둠을 사랑으로 포용하고
더 큰 세상으로 나아가게끔
나의 인생을 바꾸어 놓았다

낡은 거울이 있는 옛집에 들른
중년의 나그네처럼 혼자 가는 길
또다시 어디론가 떠나갈 채비를 한다
내 삶의 고마운 분들을
깊은 마음에 소중히 간직하고
언제나 나를 채우고 넘치도록
감사하며 살아야겠다

사라져 가는 직업

그들의 직업은 한 때
대한민국의 자랑거리였다

한때 잘 나가던 사진사 친구
가족사진 광고사진 거리의 사진사
지금은 어디에서 무얼 할까
한 시대를 주름잡던 컴퓨터 전문가 친구
가정에 학원에 회사에
지금은 어디에서 무얼 할까
한때 번화가 거리마다 패션을 뽐내던 여친
양장점의 여인이여
지금은 어디에서 무얼 할까
문학을 좋아해서 책방 사장이 된 친구여
큰 거리에서 골목길로…
지금은 어디에서 무얼 할까

친구들아 미안하다
너희들이 남긴 발자국
아무도 돌보지 않고 총총히
사라지고 사라져 가는 것
홀로 살아남아서 미안하구나…
이 시대에 남긴 한마디
소리 없는 싸움은 끝나지 않는다

삶은 빈터

삶은 텅 빈 허공을
함께하는 존재
생명과 존재와 자유가
하나 되어 살아가는 일이다

저 광대한 하늘과 대지와
바다는 내 속의 허공을
들여다보는 일상
내 마음에는
아무도 모르는 세상이 있고
바람도 흔들지 못하는
빈 둥지의 고요가 살고 있다
내 삶의 붉은 노을이
새어들 때 이슬과 별들도
살을 섞는다
나는 한 마리 새가 되어
아득한 먼 옛날로
날아가고 있습니다
저 광대한 허공속으로

모래알 가을

모래알 하나
파도에 쓸려가고
밀려오는 가을에는
이름에도
모래성에도
조개껍질에도
어떤 시선에도
얽매이지 않는
내가 되고 싶다

가을 수첩

어둠은 새벽빛에 물들고
나는 가을 나무가 되어
천천히 뒤돌아보고
깊은 곳에서 숨을 내쉰다
삶의 숨결을 불어 넣는
지친 불은 꺼지지 않고
여전히 꿈틀거린다

허공에 써 내린 외줄타기
순간 순간 기우뚱거리며
살얼음 밟아 온 세월의 무게
주름살 사이로 타고 흐른다
삶의 시간 세월에 묻히어
방향을 잃고 서투른
날갯짓으로 견뎌온 흔적
봄꽃으로 피었다가
낙엽 지는 가을 길로
아름답게 돌아가고 싶다

가을밤 은하별 이슬로 내려
단풍에 물들면 노을빛 기억들
내 가슴속을 유영하리라

하루의 끝에서

가끔 구름 한 점 없이
맑은 날에 비오듯
슬픔이 가슴에 내려앉는다

한 해 두 해 나이테는
쌓여가고 풀리지 않는 숙제를 안고

존재만으로도 감사하며 살아갈 하루의 여정
만난 적도 없지만 만나고 싶은
이름도 모를 사람이여

예측할 수 없는 미래
알아볼 수 있을까
가끔은 웃음도 눈물이 되는
어떤 하루의 끝에서
나는 당신을 돌아본다

돌아오지 않은 시간

내 안의 고요를 흔드는
얼굴 없는 그대여
그리 아프도록 갈망하던 시간
저리 해맑게 웃고 있을까
휘영청 달 밝은 밤
헝클어진 삶 동여매고
변하되 변하지 않는 저 별처럼
어디론가 떠나고 싶다
기억 속에 정제된 이 세상
깨달음은 헐벗고
어리석은 욕망만 있을 뿐
아물지 못한 상처를 남기고
소리 죽여 울고 있네
한 방을 두 방울 떨어지는
세월의 시간 속에
어느 누구를 위한 삶
슬픔과 미움과 사랑을
하늘 아래 메어 두려나
허공 끝에 나앉는 삶
시간과 공간 너머에
깊은 깨달음만 고이네

하늘 끝자락
돌아오지 않는 시간뿐이네

그리운 세월

오늘과 내일
이어지는 순간마다
짧고 긴 시간을
행복과 슬픔으로
철이 덜 든 인생
부지런함은 하늘도
못 말린다 하였거늘

오늘도 나의 강물은 흐르고
꽃은 다시 피는데
두고두고 쌓아온 옛정
분명 나의 허세였나보다
인생은 그리운 시간 속에
자란다고 하지만 어설픈
지난 세월은 아쉬움만
다시 보는 자화상이어라
시간을 먹고 마시다 보니
사랑이 이렇게 그리울 줄은
난 정말 몰랐었네

술잔은 비었고
꽁초 담배는 손끝을 태우고
달은 산을 넘어가고
쓰다만 원고지만 슬피 울어대네

바람이었습니다

사람과 사람 속에서
가진 게 없이 돌아왔습니다

남루한 가을빛이 부서지고
오선지에 그려 놓는 삶의 가지들이
빠른 음표로 소리 되어
메아리로 되돌아왔습니다

마음에 아무것도 기억나지 않는
허공이 함께합니다

봄 여름 가을 겨울
씨 뿌렸던 대지에
다시 뿌려야 할 허공이 되었습니다

마음에 빗장을 열어놓고
그리워하지 않는 채로 살아갈
나의 허공을 내보이고 싶습니다

4부

나의 길

철없는 예술가란 자존심
그리고 칼바람 부는 냉혹한 현실과
촛불과 같은 양심을 저울질하며
나에게 묻고 또 물었다
입술에 고인 눈물을 훔치며
바닷물이 썩지 않는 이유를
짜디짠 침묵으로 쓰라리게 배웠다

어둠은 사라지려나

흔들리는 모든 것을
사랑하며
인간의 얕은 가슴 속도
이승에 남은 울분도
사랑하자

혹시 남은 집착도
인생의 허전함도
헤어짐과 만남도
육신의 불길에 태우고
실컷 울고 떠나자

그래도 눈물이 남았거든
삶에 찌든 인간 비린내
혼백이나마
미련 없이 다 버리고
죽음에게 안기자

나의 전부를 벗고
변명하지 않으며
어둠이 사라지거든
잠들고 싶다

저무는 황혼길에서

소설처럼 살아가는 것도
연극처럼 만나고 헤어지는 것도
모두 삶의 흔적
그 흔적들 되새김질하면서
눈보다는 마음으로 봅시다

혼돈과 어둠이 있어야만
새 삶의 별을 볼 수 있듯이
간절함으로 갈망하고 진심으로 상상하면
세상이 아름답다고 말할 것입니다

한 장의 기록이 세상을 바꿀 수 있듯이
단순함이 최고의 미덕이라면
무엇이 보이고 들리고 느껴지는지
비우고 들어보아야 합니다
간절함 없는 인생은
의미 없는 인생일 뿐입니다

혼자 있는 시간

삶의 지친 시간들을 헤아리며
흘러온 시간 깨어질까 두렵구나

저물도록 돌아오지 않는 구겨진 추억들
흘러가는 것들은 모두 잊기 위해 갈 뿐
아무것도 더 기다릴 게 없는데
흐르는 세월 속에 한 사람 서 있네

남루한 세월이 서성거리니
다가왔던 시간은 언제나
지나갔던 세월의 조각들
마른 입술 적시듯 그리움이 젖네

고단한 어둠을 데리고 오는 삶의 한쪽에서
기다리지만 믿었던 사람이 오지 않듯
혼자 있는 시간은 머언 아픔이란걸
비로소 깨닫습니다

황혼의 봄

늘 내 가슴속 깊은 곳
내 마음 흔들고 온 봄

떠난 사랑이 그리웁거든
스쳐 지나간 봄을 추억하자
눈이 내리고 찬 바람이 불고
낙엽이 떨어져야 봄이 오듯이

밤마다 흠뻑 술에 젖어도
언제나 혼자였다
그 혼자라는 이유만으로
가야 하는 길이었기에
쓸쓸해서 봄을 그리워했다

언제나 빈손인 황혼의 봄이
나에게 올 줄 알았겠는가
한 송이의 봄꽃을 피우기 위해
머언 기억도 찾아 나선다

황혼의 봄, 너에게 가지 못하고
돌아서는 그대 등 뒤로
황혼이 진다

아물지 못하는 하루

나는
내 안에 살아 움직이는
모든 삶에서 벗어나고 싶었다

그 삶은
깊은 떨림과 벅찬 감동들이
행복했기 때문이다
그 삶에서는 오로지
존재한다는 사실만이
나를 인정해 주었다

자유롭지 못한 삶은 내가 결코
행복해질 수 없었기 때문이었다

삶의 진정한 아름다움이란
슬픔과 기쁨이 어우러진
가장 신성한 사랑이다

어느 날 철들어 보니
낙엽 진 이름 모를 거리를
나그네가 외로이 헤매고 있었다

겨울이 다 가기 전에

두 해를 건너는 계절은 없네

겨울은 온 세상을 하얗게 물들이고
새해와 봄은 희망과 꿈을 만드는 요술쟁이

그 겨울
아련한 옛 추억이 멈춰 선 시간
지난날을 반추하는 계절
왠지 울적한 마음 떨칠 수 없네

오랜 세월 헐벗은 내 영혼
나의 겨울이 다 가기 전에
훈훈한 온기로
데우고 또 데워
봄을 데리고 와야겠네

어느 낯선 도시에서의 하루

나의 고된 하루도
세상을 잘 모르는 탓일까

늘 하루는 옆길로 와서
옆길로 소리 없이
사라져 가고 없으니
한세월 지나가면 어둠도
걷히는 걸까

터벅터벅 시골길에서
서울 하늘 아래로
밤새 맺힌 이슬처럼
소리 없이 살아온 사람

찬바람이 일어나니
떠나간 사람들도
밤새워 어디에선가
추억을 깁고 있을까

한세월 떠다니며
살다 온 사람아
빈손 흔들며 흔들며
어느 낯선 도시에 기대어
꿈을 꾸고 있는가

웃음꽃 터지는 날

바라보는 순간마다
웃음꽃 터지는 날
오랫동안 보고 싶다

온 가족 해맑은 웃음은
내 삶에서 행복이란 가족입니다
봄 여름 가을 겨울 언제든
만나면 피어나는 꽃이랍니다
욕심 없는 가족의 사랑은
미워할 틈이 없답니다

우리는 삶의 샛길에서 만나
서로의 마음을 채워주며
새 둥지를 틀었답니다

아름다운 딸 사위 손녀
마음 착한 아들 며느리
소망 가득한 얼굴들
환한 새해의 햇살 받으며
아무런 꾸밈과 허식 없이
그저 사랑한다는 말 전합니다
엄마 아빠란 이름으로…

한 살의 무게

한 살
나이 한 살을 더하니
철이 들어가는가

철없는 나이는
오는 줄 모르고 오고
가는 줄 모르고 가니
나도 모르게 오고 가네

지난날을 반추해보니
속아도 보았고
속여도 보았지만
나이란 놈이 떡하니
자리 잡고 있었다네

한 살 더하니
내 가슴속 미움과 번뇌가
가득히 쌓여만 가더니
허물을 버리면 철이 들까

살아온 날 허 허
부끄러움을 무릅쓰고 되묻는다
미완성인 내 인생을 사랑했는가?

나는 누구에게도
아무것도 주지 못하고
내가 미워서
내가 불쌍해서
남몰래 울며 잠든 밤

나는 한 살 더 먹은
아기처럼 꿈을 꾼다

지나간 것들은 아름답다

내 인생의 시간들은
나무의 일생과 같다
봄 여름 가을 겨울…
살아가면서 내 눈가에
이슬 같은 것을 묶어
그것을 나의 혼신이라
말해도 될까

사계절을 돌고 돌아
지나간 것들은 아름답다
돌아올 수 없어 더욱
간절한 한 줄기 바람이었다

서럽도록 반짝반짝 빛났던
별을 향한 고향의 눈들은
하얀 새벽의 허기를 남겼다
걷다가 자꾸만 발목까지
내려온 고향의 달빛
지금도 그 달빛
고이고 있을까

보일 듯 보일 듯
켜켜이 쌓아올린 고향의 추억
바람이 찾아와서 문풍지를
살랑살랑 흔드는 밤이면
별과 달과 바람이
우리집 마당 가득 차면
가을은 깊어만 갔다

몸보다 마음이 더 아플 때

몸보다 마음이 더 아플 때
인간의 모순을 버리고
좋은 책들과 밤새워 씨름한다
조용히 들여다보면
교훈과 지혜로 가득 담긴 보물함
희망의 등대처럼
삶의 어둠을 밝혀주네요
이런 말동무가 내 옆에 있어
오늘도 나는
어제의 나보다
더 현명한 삶을 산다

가을이 나에게 남겨준 선물

한 번쯤 길을 가다가
뒤돌아보면
하늘은 얼마나 높고 푸른가!
모든 세상은 얼마나 생이
아름답고 풍요로운가!

가을은 가슴속에 묻어둔
쌓인 슬픔을 씻겨준다

기다림은
가을이라는 그리움을 빚어내고
말을 줄이고 생각을 깊게 해
산과 강을 건너간다

가을이 오면
가끔, 살아온 길을
뒤돌아볼 때가 있다

살아온 길—가야 할 길

눈을 감아야 보인다
이제는 너무 멀리 왔지만
어둠에 떠밀려온 길

새벽이 올 때마다
저녁은 반드시 오고
내 작은 삶은
그 속에서 춤을 추었다
누구에게나 주어진
햇빛과 바람과 비는
어제도 오늘도 내일도 비껴가겠지요

살아가는 무게를 짊어지는 일
잔주름처럼 물결쳐 오는 세월의 강물을
거슬러 오르는 일 혹은
그 위를 아슬아슬 건너가는 방랑자

세월은 살아온 길과 가야 할 길을
기다려 주지 않고 알려 하지도 않는구나!
새벽이 올 때마다
죄 없는 술잔을 기웃거리면서
승자도 패자도 없는 길
혼란의 조각들만
무성하게 자라나고 있다

파묻힌 생각

추운 바람
왔다 가면
묵은 밤이 지나고
새벽이 올 때
그동안 내가 뿌린 씨앗에
잠 못 이룬다

겨울을 못 잊는
모든 기억 속에
내가 사랑하는 사람에게도
봄비 내린다
찬바람에 흔들리며
봄을 맞이하면
마음마저 아픈 사람들
살아있음을 느끼오

별빛 내리는
봄밤 하늘에
나의 유년 시절
파묻힌 그리움을 꺼내어
날 바라본다

내 안에 자라나는
소망의 봄이 오면
마음 혼돈의 날
사는 목적이 무엇일까
파묻힌 생각에
헛웃음만 자꾸 떠돈다

나의 길

인간의 벽을 넘고 넘어
침묵으로 반세월
높은 산도 있었고
넓은 바다도 있었지만
나는 나의 길
분장 외길을 걸었다
답이 없는 길
예술길 고독길 철없는 길
눈비가 내리는 비포장 길을 걸어왔다

그 길은 많은 날로 채색되었다
상큼한 봄날
짓궂은 여름날
쾌청한 가을날
차디찬 겨울날
때로는 폭풍우와 절벽을
몇 번이나 넘나들어야 했다

철없는 예술가란 자존심
그리고 칼바람 부는 냉혹한 현실과
촛불과 같은 양심을 저울질하며
나에게 묻고 또 물었다
입술에 고인 눈물을 훔치며
바닷물이 썩지 않는 이유를
짜디짠 침묵으로 쓰라리게 배웠다

자신과의 싸움 50년
짧은 순간들로 이루어진
기나긴 여정 그리고 회한
기쁨과 슬픔과 고독으로
일그러진 삶을 추억하며
철들어간 인생이어라
오, 감사한 날들이여!

촛불

내가
내 마음 벗기니
긴긴밤 지나면
아침이 오듯
고뇌의 시간
아득한 저편에서
새벽은 분명
오고 있다
그렇게
촛불은
타들어간다
제 안의 불길로
제 밖으로
빛을 뿜는다
자신과 자신이 만나는
그 푸른 축제의 날은
반드시 온다
이제 불이 꺼져도
나는 나를 알아보리라
내 가슴에
불을 지피는 자
바로 나이니까!

5부

허공을 품은 날개

삶이란,
텅 빈 허공을 함께 떠도는 일
존재와 생명과 자유가
한 몸처럼 숨 쉬는 여정이다

들풀

낯선 땅에 머무는 나는
어쩌다 여기까지 왔는가

밟히는 시기와 비웃음,
어둠 가득한 세상에서
오늘도 잿빛 도시를 떠돈다

세월의 파도 위에서
지워지지 않는 흔적을 따라
업보의 길을 걷는다

이제는 눈물을 거두고
그저 조용히 살아가고 싶다
부디, 들풀에게
묻지 말아다오

선술집 추억

산전수전 겪은 노인들의 이야기
낯선 이들과도 술잔으로 친구가 되던 시절

그 시절은 사라지고
고독을 술로 달래는 젊은 노인들
그리운 이들은 보이지 않는다

사람 사는 세상에서
슬픈 눈시울은 늘 젖어 있었고
나는 어둠 속에서
선술집의 추억을 찾아
머언 여행을 떠난다

살아옴이 별빛 축제

사랑이 퇴색한 시대에도
가슴 설레는 그리움은 있었다

고단한 삶 속에도
맑은 영혼은 깃들고
우리 가슴속 봄날을
다시 떠올리자

보내야 할 시간 속에서
작은 기억 하나조차 소중해지고

살아온 길 위에서
사랑도 미움도
결국은 가슴 시린 그리움

흑백시대의 우리 삶은
결국 별빛 축제였다

길 잃은 가을 낙엽

가을, 길 잃은 낙엽 하나가
조용히 다가와
나와 함께 물들어 떠난다

가을 낙엽은
자연의 미소이며
사색이며
대지의 눈물이다

나의 소망 또한
곱게 물들어
내가 머문 흔적을
저 먼 곳으로 띄워 보내고 싶다

가을 속에 젖은 나는
곱게 물든 낙엽처럼
누구일까

허공에 묻다

다 그리지 못한 내 삶은
반쯤 지워진 길 위에 있다

허공에 매단 자존이 흔들릴 때
나는 조용히 혼자가 된다

기억은 비어가고
술잔 속 그림자는 휘청인다

애원하던 소망은
바람이 되어 떠나고

되돌아갈 수 없는 자리에서
나는 비워낸 마음과
무게 없는 발걸음으로
존재한다

그리움 다 남겨 두고

함께했던 처음이 고마웠다

햇살 아래 무심히 지나온 날들이
눈물겹게 아름답다

단 하루만이라도 쉴 수 있다면
그리움을 모두 남겨 두고 싶다

메마른 가슴을 적시는 봄비처럼
따뜻한 햇볕 아래
남은 마음을 조용히 두고 싶다

세상은 다 그런 거야

세상은 무겁고
이유 없이 지칠 때
술 한 잔이 마음에 닿는다

오늘의 술은 내일을 묻지 않고
지친 하루를 헹궈준다

술잔 속 나를 들여다보며
내가 나인지, 비워진 내가 나인지 묻는다

가슴속 미움과 번뇌를 내려놓으면
잠시 숨 고르듯 평화가 찾아온다

그 밤 곁에 있던 건
달빛과 술, 그리고 침묵

세상은 다 그런 거야
그렇게 마음을 견디는 거지

바람에 띄운 편지

매일 바람이 불고
그리움은 어둠 속에 사라진다

사람은 떠난다
그 이유를 묻지 말라

경계 위에 선 나는
바람막 없는 촛불처럼 흔들린다

모든 것을 바람에 맡겼고
이제는
나부끼는 나일 뿐이다

상상과 현실의 경계에서

거대한 도시 안
숨겨진 상상의 세계

낯선 이들과
이름 모를 골목에서
나는 외로운 나그네

사랑, 행복, 자유
스스로 움켜쥐어야 할 것들

상상은 꿈이며
현실은 비워진 길

나는 자연 속에서
상상의 발걸음을 멈추지 않는다

허공을 품은 날개

삶은 허공을 떠도는 일
존재와 자유가 함께 숨 쉬는 여정

대지와 바다는
내 안의 빈 공간을 비춘다

내 마음 깊은 곳,
바람도 흔들지 못하는 고요

노을이 삶을 적시면
나는 새가 되어
옛 기억의 하늘로 날아오른다

내 날개는
아직 길을 기억한다

내 안의 길에게

맑은 날 산길을 걷다
새들의 노래에 꿈을 꿨다

외로움은 다정한 위안이 되고
슬픔보다 덜 아픈 동행이 된다

삶은 시행착오와
지우지 못한 후회의 흔적

조금쯤 쓸쓸해도 괜찮다
아직 해야 할 일이 많으니까

길의 끝에서
조용히 내 삶을 내어 보이리라

어둠 끝의 숨

흔들리는 모든 것을
사랑해 보기로 한다

남은 집착과 잔상들을
뜨거운 불에 태우고 놓아주자

실컷 울고 고요해지면
비린 삶도 바람처럼 흩어진다

무대 뒤에서 조용히 나와
낡은 분장을 벗고
나를 다시 연습한다

어둠 끝에 들어온 작은 숨,
그 숨은 끝이 아니라
또 다른 시작이다

[가사] 인생 열두 마당

벅찬 가슴에 차오르는
저 진한 한 가락 소리
혼 날리며 휘도는 연정이여

가슴 저미는 음계 타고
소리소리 애타도록
이내 가슴 뒤흔드네

흔들리고 비틀거리다
꺼져드는 혼불 밝혀
고개고개 슬피 넘네

저 깊은 그리움 토하는
사무치는 울음마저
붉디붉은 동백꽃 되어
피고 피다 낙화하네

질기고도 질긴 인생길
열두 마당 굽이굽이
돌고 도는 고수의 추임새

이리 꺾고 저리 꺾어
구전되어 가슴속 한
목이 차서 울고 넘네

가슴에 타오르는
맺힌 한 풀어가니
휘 휘 휘모리장단에
인생길 열두 마당 넘어가네

삶이 우주가 되어 길을 떠날 때

강대영 지음

발행처	도서출판 청어
발행인	이영철
영업	이동호
홍보	천성래
기획	육재섭
편집	이설빈
디자인	이수빈	구유림
제작이사	공병한
인쇄	두리터

등록　　1999년 5월 3일
　　　　(제321-3210000251001999000063호)

1판 1쇄 발행　2025년 9월 10일

주소　　　서울특별시 서초구 남부순환로 364길 8-15 동일빌딩 2층
대표전화　02-586-0477
팩시밀리　0303-0942-0478
홈페이지　www.chungeobook.com
E-mail　　ppi20@hanmail.net

ISBN　　979-11-6855-360-6(03810)

본 시집의 구성 및 맞춤법, 띄어쓰기는 작가의 의도에 따랐습니다.
이 책의 저작권은 저자와 도서출판 청어에 있습니다.
무단 전재 및 복제를 금합니다.